MON ENTRETIEN

AVEC

LES JEUNES PARTISANS

DE

LA RÉPUBLIQUE.

MON ENTRETIEN

AVEC

LES JEUNES PARTISANS

DE

LA RÉPUBLIQUE,

PARIS,

IMPRIMERIE DE PAUL DUPONT ET G. LAGUIONIE,

RUE DE GRENELLE-SAINT-HONORÉ, N° 55.

1834.

MON ENTRETIEN

AVEC

LES JEUNES PARTISANS

DE

LA RÉPUBLIQUE.

Nous vivons dans un siècle de lumières, dans un siècle de progrès tels qu'on pourrait croire que les sciences et les arts sont arrivés à leur dernier degré de perfection; la France n'a plus qu'à féconder les germes de prospérité qu'elle contient, et lorsque, pour arriver à ce but, il ne faut que maintenir la paix à l'intérieur comme à l'extérieur, une erreur politique vient menacer de détruire les espérances que cette situation permet de concevoir. Une sorte de délire paraît s'être emparé des générations naissantes, séduites qu'elles sont par le prestige d'une perfection que l'humanité ne comporte pas. Je ne veux pas scruter les consciences des propagateurs de cette erreur; je ne suppose à personne des intentions malveillantes; je sais qu'il est inutile, s'il n'est pas dangereux, d'irriter par des reproches ou par des récriminations des hommes qui apparaissent à la jeunesse comme des apôtres de philantropie, et dont plusieurs peuvent être sous l'empire de la passion du bonheur général, cette passion ardente qui domine les ames généreuses, mais qui, si elle n'est pas éclairée et modérée par l'expérience, crée des utopies, sources de troubles et de graves désordres dans la société, et peut porter au crime; nous en avons eu la cruelle expérience.

Obscur citoyen, je veux hasarder quelques observations

et quelques conseils que me suggère le souvenir de ma propre erreur; je ne les adresse pas à ceux des acteurs de notre première révolution qui, ayant à cette époque commis des fautes graves, croient leur considération intéressée à les ériger en vertus ou à les atténuer; mais je les adresse à ces jeunes gens brûlans de patriotisme, et qui, comme je viens de le dire, veulent, sans égard aux imperfections de l'humanité, arriver au parfait. Je m'honore d'avoir, comme eux, voulu la république; d'avoir versé mon sang pour elle, de l'avoir sincèrement regrettée, d'avoir été dans le département que j'habitais, lors de l'élévation de Bonaparte au trône impérial, le seul fonctionnaire, le seul citoyen qui ait osé émettre un vote négatif; mais l'illusion a cessé. Eh! qui n'a pas été désenchanté en voyant les plus fiers républicains encenser le pouvoir absolu!

J'ai, depuis cette époque, observé l'espèce humaine avec plus d'attention, et je puis hardiment conclure de mes observations, qu'au point de civilisation comme de corruption où nous sommes arrivés, le gouvernement républicain est une impossibilité.

... Je dirai d'abord les difficultés, les obstacles pour arriver à l'établissement du gouvernement républicain en France. Nécessairement il faut obtenir l'assentiment de la nation; première difficulté, car je ne vois de partisans de la république que dans la jeunesse des villes, et plus particulièrement dans celle réunie à Paris, puis un petit nombre de mécontens, d'hommes qui veulent se faire un nom, et enfin ceux qui pensent d'après le journal qu'ils lisent. Mais, dira-t-on, comptez-vous pour le petit nombre la classe ouvrière? On l'agite, il est vrai, on la travaille en tous sens pour la républicaniser, mais on semble ignorer que si un système peut prendre racine dans la classe éclairée, il n'en est pas de même dans les masses auxquelles le manque d'instruction ne permet pas d'être systématiques, c'est le bien-être qui les attache au gouvernement; nous en avons la preuve. La classe ouvrière, les artisans, le petit commerce, regrettent encore le règne de celui

qui nous a gouvernés despotiquement pendant quinze ans :
quelle est la cause de ces regrets? Le bien-être matériel. Les
masses obéissent aujourd'hui à une impulsion et le lendemain
à une autre. Les coalitions d'ouvriers ne témoignent pas de leur
mécontentement contre le gouvernement, comme on voudrait le
suggérer; elles proviennent des insinuations des ennemis du gouvernement, et quelquefois aussi de l'égoïsme des maîtres. Les républicains comptent sur la multitude; ils ne réfléchissent pas que
les industriels, les commerçans, enfin toute la partie éclairée de
la nation, protesteraient contre la république, si elle pouvait
surgir d'un coup de main à Paris. En effet, elle ne pourrait
qu'apparaître : car s'il était possible qu'une terreur momen-
tanée ou une surprise permît de la proclamer, cette terreur ne
se communiquerait certainement pas aux départemens; les
républicains y sont en trop petit nombre, surtout parmi les
hommes influens, et les jeunes gens seraient contenus par
leurs parens et par un sentiment de respect pour l'opinion publique. S'il était possible que les militaires restassent neutres
à Paris, comme quelques insensés voudraient le faire croire, dans
les autres garnisons ils obéiraient à leurs chefs, qui recevraient
leur direction de l'autorité, et dans toutes les villes les partisans
de la république seraient comprimés; car tous les citoyens qui
ont une propriété, une industrie quelconque, les ouvriers
même qui ont un travail assuré craignent l'anarchie, effet iné-
vitable de toute révolution populaire. S'il ne s'était pas trouvé
un duc d'Orléans, prince qui jouissait d'une immense popu-
larité, qui avait des antécédens rassurans, la révolution de
1830, quoique si universellement approuvée, eût été suivie
de l'anarchie: je dirai plus, si on eût mis moins de célérité
dans l'organisation provisoire des gardes nationales à Paris,
comme dans les départemens, les désordres inaperçus qui ont
eu lieu dans nombre de loc   auraient pris une extension
sensible partout. Graces soient rendues aux généreux et
courageux citoyens qui se sont réunis à l'Hôtel-de-Ville de
Paris, et qui, quoique de sentimens politiques différens, ont
senti que l'annonce d'un gouvernement républicain effraie-

rait, qu'elle paralyserait le patriotisme d'une partie de la nation. A cette époque j'ai parcouru plusieurs départemens de l'Est, personne ne demandait la république ; au contraire, on la redoutait, et on n'a été rassuré que quand on a appris que le duc d'Orléans prenait les rênes du gouvernement. On peut juger, d'ailleurs, combien le parti républicain est faible en France, quand on ne compte pas un trentième des députés disposés à adopter ce parti. On dira que les députés ne sont les élus que d'une faible partie de la nation : numériquement parlant cela est exact, mais les électeurs sont-ils, ou non, les plus influens dans chaque localité ? Les lumières sont-elles en majorité hors de cette classe ? Je ne suis pas électeur, mais je puis répondre affirmativement à la première de ces questions et négativement à la seconde, sans crainte d'être contredit. Le parti républicain ne peut donc compter sur l'assentiment *public*, qui doit être le principal fondement de son édifice, car tout édifice, au figuré comme au positif, doit avoir ses fondemens.

L'assentiment public ne suffirait pas encore pour constituer le gouvernement républicain ; les mœurs doivent cimenter l'édifice. Lorsque Bonaparte entreprit l'œuvre liberticide, il y avait des générations nouvelles élevées dans les mœurs et dans les idées républicaines ; on pouvait peut-être espérer de maintenir la forme du gouvernement existant en faisant à la constitution de l'an III les changemens que l'expérience indiquait ; mais il arriva ce qui arrive déjà aujourd'hui que la république n'est qu'en projet, les républicains se divisèrent : un général, beau de gloire, profita de ces divisions, prétexta que la constitution avait été violée, en fit une nouvelle qu'il viola lui-même, et, après avoir corrompu les plus fiers républicains, établit un despotisme dont les vrais amis de la liberté ne purent que gémir.

Si, à une époque où la corruption n'avait pas fait autant de progrès qu'aujourd'hui, à une époque où l'égoïsme n'était pas aussi général, on n'a pu maintenir la république, pourra-t-on l'établir et la maintenir dans un temps où l'argent est presque la seule source de considération ?

J'ai parlé des deux principales difficultés; je viens aux obstacles qu'opposeraient la politique des souverains absolus et même celle de l'Angleterre. Les partisans de la république paraissent ne faire aucun cas de ces obstacles; ils se reportent à une autre époque, sans considérer la différence de 93 à 1833, et ils comptent sur la coopération des peuples.

J'établis d'abord cette différence par les calculs suivans :

En 1789, la France avait une armée de près de 200,000 hommes, ci................................... 200,000

En 91, on a formé 600 bataillons de volontaires à 500 hommes au moins, ci............ 300,000

En 92, 300 bataillons, ci.................. 150,000

La levée de mars 93, ci.................... 300,000

La levée de 30,000 hommes pour la cavalerie, ci.. 30,000

Enfin la mémorable réquisition, 8 août 93... 1,200,000

Total....... 2,180,000

A déduire le cinquième de l'armée de ligne, fondu dans les bataillons de volontaires, ci............................... 40,000

Le tiers de la réquisition employé dans les administrations ou réfractaires........................ 400,000

Total à déduire...... 440,000

Reste combattant..... 1,740,000

En outre, les gardes nationales de l'Est formaient une réserve qui a combattu à l'armée du Rhin après la perte des lignes de Wissembourg; cette réserve était composée de tous les hommes de 25 à 40 ans, qui étaient restés dans leurs foyers.

J'ajouterai qu'alors les armées réunies des coalisés n'atteignaient pas le nombre de 400,000 hommes, et que l'accord qui règne aujourd'hui entre les despotes n'existait pas. La

Russie, qui depuis a pesé dans la balance, ne faisait pas encore partie de la coalition.

On répond à ce qui précède : Les peuples de l'Allemagne et de l'Italie s'insurgeraient. Si on entend par les peuples des professeurs, des étudians, des avocats, des médecins et des oisifs, je ne contredirai pas ; mais l'influence des partisans d'une révolution dans ces pays ne va pas jusqu'à pouvoir mettre en mouvement des masses qui, n'étant pas dénuées de bon sens, ne se souleveraient pas avant que les armées de la coalition aient abandonné leur territoire, sous peine de se voir exterminées en détail. Cette influence est d'ailleurs combattue par celle du clergé et celle des hommes en place, et nulle part, hors peut-être en Piémont, les libéraux ne pourraient compter sur une défection dans les troupes. On a vu accourir aux fêtes politiques les paysans allemands, attirés par la curiosité ; on en a conclu qu'ils y étaient conduits par un sentiment politique. On a vu des insurrections partielles en Italie ; quelle consistance ont-elles eue ? D'ailleurs les révolutionnaires d'Allemagne et d'Italie, comme nous, révolutionnaires de France en 1830, ne sont pas d'accord sur l'établissement d'un gouvernement républicain : la grande majorité ne veut, comme nous, que des institutions libérales, et, certes, voyant les désordres qui résulteraient inévitablement d'une nouvelle révolution en France, et qu'on n'aurait pas besoin d'exagérer, ils ne voudraient pas courir les chances des mêmes désordres. Il n'y a pas de pays où l'on redoute plus le gouvernement populaire qu'en Allemagne, et il n'y a pas de pays où on doive le redouter plus qu'en Italie. On sait que le paysan et le petit bourgeois allemand est l'homme le plus humble lorsqu'il est contenu, et le plus insolent, le plus brutal, lorsqu'il croit n'avoir rien à craindre. La même classe, en Italie, est d'un caractère violent ; une fois maîtresse du terrain, on ne peut calculer où ses excès s'arrêteraient. Il faut aussi considérer que ces deux grandes contrées de l'Europe sont divisées en nombre de parties qui n'ont d'autre intérêt commun que celui de la liberté ; qu'elles ne pourraient s'entendre assez promptement pour organiser leurs moyens d'attaque et de défense; que la simultanéité pour l'une et l'autre serait impossible, et qu'ainsi, comme je l'ai dit plus haut, elles craindraient d'être exterminées avant de pouvoir être secourues efficacement. Les libéraux de l'Allemagne et de l'Italie sont assez clairvoyans pour avoir prévu ces obstacles; il n'est donc pas probable que leur plan soit d'établir un gouvernement républicain qui devrait être fédéral.

Mais, en France, comment s'établirait ce gouvernement, s'il était possible que ses partisans parvinssent à le proclamer? Par la terreur, les échafauds et la spoliation : car, proclamer la république, c'est déclarer la guerre à tous les gouvernemens absolus, à celui d'Angleterre même, qui craindrait la contagion : et quels moyens la république aurait-elle pour soutenir le choc de toutes ces puissances?

Les meneurs comptent sur la terreur des échafauds et de la spoliation; ils ne le dissimulent pas; ils savent que leur système est improuvé par les commerçans, les industriels, enfin par tous les propriétaires. Je ne prétends pas que ces classes de citoyens soient la nation; mais peut-on méconnaître leur influence sur le pays, et celle que leur antipathie pour le gouvernement républicain aurait à l'extérieur? Ce n'est donc que par la terreur qu'on peut espérer de les comprimer. Les jeunes gens qui feraient partie des levées extraordinaires pour l'armée, s'appuyant, dans les campagnes surtout, du mécontentement des hommes influens, refuseraient de marcher; le clergé, qui feindrait comme aujourd'hui de se soumettre, les légitimistes, quoique terrifiés, agiraient sourdement de leur côté pour paralyser le recrutement et exciter des troubles intérieurs.

Les partisans de la république terrifiante ne font pas assez attention à la différence des temps; ils ne réfléchissent pas qu'en 93 la partie agissante, énergique de la noblesse, était hors de France; que les fils des plébéiens en place, aussi ennemis de la révolution, avaient suivi l'émigration; que les prêtres étaient déportés; qu'aujourd'hui, instruits par l'expérience, il n'y aurait plus d'émigration, et qu'il serait difficile d'exécuter une mesure générale de déportation comme en 92 ; ils ne réfléchissent pas qu'alors il y avait des intérêts matériels qui soutenaient l'enthousiasme. Alors, comme aujourd'hui, l'amour de la liberté, l'amour de la patrie, que les études avaient fait germer, animaient la partie instruite de la jeunesse ; mais aujourd'hui les habitans des campagnes n'ont plus à secouer le joug des seigneurs ; ils n'ont plus à se soustraire aux droits féodaux ; ils sont en grand nombre devenus propriétaires, et n'ont conséquemment plus l'appât que leur a offert la première révolution ; enfin ils n'ont plus aucun intérêt matériel pour envoyer leurs enfans à l'armée, et la loi qui les appellerait créerait des ennemis de plus à la république ; les généraux ni les officiers n'émigreraient pas, comme en 89 et 90 ; ils ne laisseraient pas à leurs inférieurs ces chances d'avancement qui ont assuré au parti populaire l'appui de l'armée ; en outre, la guerre ne fut pas déclarée immédiatement à la révolution comme elle le serait à la république. Avant la fin de 92, la Vendée et la Bretagne n'avaient pas exigé l'emploi d'une armée ; lorsque les hostilités commencèrent, les 600 bataillons formés en 91 avaient eu le temps de s'organiser et de s'exercer ; ils rivalisaient avec les troupes de ligne. Dans l'Est, les bataillons de la formation de 92 sont entrés en campagne avant le mois d'octobre de la même année ; ils étaient complètement habillés et exercés. Voilà des considérations auxquelles le parti républicain paraît n'attacher aucune importance ; il semble croire qu'une armée s'organise, se discipline et s'aguerrit comme par enchantement. Il faut avoir vu nos armées dans les premières campagnes ; j'ai plus d'une fois alors désespéré de la république. Je ne parle pas du dénûment, des privations que les officiers éprouvaient comme les simples soldats : la jeunesse d'aujourd'hui les supporterait comme nous les avons supportés, avec une constance patriotique. Je sais que le tableau des misères et des maladies qui ont moissonné au moins un tiers des armées du Nord, de la Moselle et du Rhin, dans les campagnes de 93 à 94, n'effraierait pas ceux auxquels je parle ; mais ne s'effraieront-ils pas à la pensée des mesures cruelles qu'exigerait, que commanderait impérieusement l'établissement d'une forme de gouvernement qui serait inévitablement suivi d'une guerre civile, d'une guerre européenne, enfin d'une perturbation complète dans l'ordre social? ne s'effraieront-ils pas à l'idée que la civilisation, dont les progrès sont leur but, rétrograderait pour des siècles peut-être, par l'effet de la force brutale des masses qui, mises en mouvement, ne pourraient plus être contenues? Je dis que les masses ne pourraient plus être contenues, parce que les moyens actuels d'existence de la plus grande partie disparaîtraient par suite de la stagnation du commerce et de tous les genres d'industrie que le luxe alimente, parce qu'on inspire tous les jours aux classes laborieuses le mépris des autorités, des lois même; parce que le frein de la religion est rompu, parce que la voix de la loi serait étouffée par les cris de la nécessité. La terreur, me répond-on, la terreur forcerait alors les riches à venir au secours des nécessiteux. Conçoit-on quelle incurable plaie pour la société si, pendant quelque mois seulement, les nécessiteux, qui formeraient les deux tiers de ses membres, devaient exister sans travail? Combien prendraient l'habitude de l'oisiveté et du vagabondage? Cette pensée n'est-elle pas effrayante? Qu'on ne dise pas que je vois trop en noir, que j'exagère les sujets d'appréhension publique. J'ai étudié l'espèce humaine dans l'histoire ancienne; depuis trente ans, je l'ai observée. Les rêves philanthropiques de ma jeunesse ont fait place à la réalité, et c'est ma philanthropie, guidée par l'expérience, qui me dicte ces lignes.

Jeunes cœurs généreux! on vous abuse; on vous séduit par la perspective du bonheur des masses; et les moyens que l'on se propose d'employer pour y parvenir détruiraient l'ordre, seule source de bonheur pour l'humanité. Si comme, le disent les propagateurs les plus modérés du système républicain, ils ne veulent que faire des prosélytes à ce système, s'ils ne veulent, comme ils le disent, qu'éclairer le peuple, pourquoi ces émeutes, ces dégoûtantes diatribes, ces continuelles menaces, enfin cette persévérante attitude hostile contre l'autorité constituée? Pourquoi ces insultes aux organes de la loi, dans le temple même de la justice? Sont-ce des instructions au peuple? Non, c'est un enseignement corrupteur, démoralisateur, dont un gouvernement nouveau subirait les conséquences. Ce sont des écarts que nous blâmons, disent les modérés du parti. Oui, mais ce que vous vous bornez à appeler *écarts* est le fait des individus qui forment votre avant-garde; si aujourd'hui vos conseils, vos réprimandes et la crainte de la justice ne peuvent les contenir, comment prétendez-vous pouvoir les contenir, pouvoir réprimer des hommes habitués à l'insubordination, au mépris des autorités et des lois, lorsqu'ils auront coopéré, en payant de leur personne, à l'établissement de votre gouvernement? De son côté aussi la Gazette de France parle comme si, ses vœux se réalisant, elle pourrait contenir le parti de la légitimité dans les bornes de la modération. Les partis ne sont modérés que quand ils sont forts ; ils cessent alors d'être partis. Si la révolution de juillet 1830 n'eût pas été consacrée par l'assentiment des dix-neuf vingtièmes de la nation, il y aurait eu réaction violente, comme à la suite de toutes les révolutions opérées par la force.

Jeunes enthousiastes du gouvernement républicain, qui ne peut se fonder que sur les bonnes mœurs et le désintéressement, regardez attentivement autour de vous, comptez les hommes généreux et de mœurs pures que vous connaissez, consultez vos parens sur le nombre de ceux qu'ils connaissent, consultez-vous entre vous pour compter les hommes publics qui possèdent ces qualités, comptez les hommes qui, voulant se charger du poids et de la responsabilité de l'autorité dans une république, sont doués de la perfection que vous exigez aujourd'hui, et vous direz avec le poète latin : *Apparent rari nantes in gurgite vasto.* Persuadez-vous que le changement de la forme du gouvernement ne fera pas changer les hommes du dix-neuvième siècle en France ; qu'il ne fera pas que l'égoïste devienne désintéressé, que l'homme habitué aux douceurs de la vie se condamne aux privations ; qu'il ne tarira pas la source de l'ambition; qu'il ne fera pas que l'on repousse l'intrigue, que la faveur obtienne moins que le mérite modeste; en un mot, qu'il ne changera pas l'humanité.

Désabusez-vous, jeunes gens, désabusez-vous des théories; voyez ce qui peut être, car ce qui doit être rigoureusement, et comme vous l'entendez, n'est pas possible; cessez de rêver un état parfait, vous ne pouvez y arriver; et, voulant y arriver, vous causeriez une perturbation dont les résultats seraient incalculables, et dont vous seriez vous-mêmes les victimes; faites des vœux pour le perfectionnement de nos institutions; secondez par votre sagesse les sages amis de la liberté qui y travaillent; réfléchissez, et vous reconnaîtrez que la royauté constitutionnelle procure et garantit une plus grande somme du bien, objet de vos désirs, que ne pourrait le faire un gouvernement populaire : vous reconnaîtrez que la charte offre des moyens suffisans pour opérer légalement les améliorations et les réformes que vous n'obtiendriez par une révolution qu'en employant des moyens violens. Repassez dans votre mémoire l'histoire des républiques d'Athènes, de Sparte et de Rome, et vous, qui voulez le bonheur des masses, dites-nous si les masses d'esclaves qui vivaient sous ces républiques étaient heureuses? Lisez avec attention l'histoire des républiques modernes, où l'aristocratie exerçait une tyrannie qui faisait désirer le gouvernement absolu (1), et, en vous convainquant que la nature humaine peut se modifier accidentellement, suivant les temps et les pays, mais qu'elle ne peut changer, vous jugerez si vous pouvez atteindre le but vers lequel on vous dirige.

Jeunes gens! je serais heureux si ces quelques lignes pou-

____

(1) J'excepterai la république des États-Unis d'Amérique, en observant que l'émulation de sagesse entre les diverses sectes religieuses contribue plus qu'on ne pense au maintien des institutions; que d'ailleurs ce pays, peu peuplé en raison de son étendue, est en quelque sorte adossé aux limites du monde, et qu'il n'a encore été en état de guerre qu'avec l'Angleterre.

vaient éclairer votre patriotisme; elles ne sont dictées par aucun autre intérêt. En terminant mon entretien avec vous, j'éprouve la satisfaction de penser que j'ai rempli un devoir de bon citoyen, que j'ai fait une bonne action.

GENGOULT,
Ancien Sous-Préfet.

Les déplorables événemens de Lyon et de la capitale viennent prouver avec la dernière évidence ce qui est dit dans cet écrit du peu de sympathie de la France pour la république.

Jusqu'au 15 mai on trouvera à l'imprimerie, rue de Grenelle-St-Honoré, n° 55, des exemplaires de cette brochure au prix de 60 fr. le mille et de 7 fr. le cent.